**全国人民代表大会常务委员会公报版**

# 中华人民共和国
# 学 位 法

中国民主法制出版社

图书在版编目（CIP）数据

中华人民共和国学位法/全国人大常委会办公厅供稿.—北京：中国民主法制出版社，2024.4
ISBN 978-7-5162-3627-7

Ⅰ.①中⋯　Ⅱ.①全⋯　Ⅲ.①学位法—中国　Ⅳ.
①D922.16

中国国家版本馆 CIP 数据核字（2024）第 088943 号

---

**书名**／中华人民共和国学位法

**出版·发行**／中国民主法制出版社
**地址**／北京市丰台区右安门外玉林里 7 号（100069）
**电话**／（010）63055259（总编室）　63058068　63057714（营销中心）
**传真**／（010）63055259
**http：**／www.npcpub.com
**E-mail**：mzfz@npcpub.com
**经销**／新华书店
**开本**／32 开　850 毫米×1168 毫米
**印张**／1.125　**字数**／19 千字
**版本**／2024 年 4 月第 1 版　2024 年 4 月第 1 次印刷
**印刷**／北京新华印刷有限公司

**书号**／ISBN 978-7-5162-3627-7
**定价**／8.00 元
**出版声明**／版权所有，侵权必究。

（如有缺页或倒装，本社负责退换）

# 目　录

中华人民共和国主席令（第二十二号）………（1）

**中华人民共和国学位法**………………………（3）

关于《中华人民共和国学位法
（草案）》的说明……………………………（17）

全国人民代表大会宪法和法律委员会关于
《中华人民共和国学位法（草案）》
审议结果的报告……………………………（23）

全国人民代表大会宪法和法律委员会关于
《中华人民共和国学位法（草案
二次审议稿）》修改意见的报告 …………（28）

# 中华人民共和国主席令

## 第二十二号

《中华人民共和国学位法》已由中华人民共和国第十四届全国人民代表大会常务委员会第九次会议于 2024 年 4 月 26 日通过，现予公布，自 2025 年 1 月 1 日起施行。

中华人民共和国主席　习近平
2024 年 4 月 26 日

# 中华人民共和国学位法

（2024年4月26日第十四届全国人民代表大会常务委员会第九次会议通过）

## 目　　录

第一章　总　　则
第二章　学位工作体制
第三章　学位授予资格
第四章　学位授予条件
第五章　学位授予程序
第六章　学位质量保障
第七章　附　　则

## 第一章　总　　则

**第一条**　为了规范学位授予工作，保护学位申请人的合法权益,保障学位质量,培养担当民族复兴大任的时代新人,建设教育强国、科技强国、人才强国,服务全面建设社会主义现代化国家,根据宪法,制定本法。

第二条 国家实行学位制度。学位分为学士、硕士、博士,包括学术学位、专业学位等类型,按照学科门类、专业学位类别等授予。

第三条 学位工作坚持中国共产党的领导,全面贯彻国家的教育方针,践行社会主义核心价值观,落实立德树人根本任务,遵循教育规律,坚持公平、公正、公开,坚持学术自由与学术规范相统一,促进创新发展,提高人才自主培养质量。

第四条 拥护中国共产党的领导、拥护社会主义制度的中国公民,在高等学校、科学研究机构学习或者通过国家规定的其他方式接受教育,达到相应学业要求、学术水平或者专业水平的,可以依照本法规定申请相应学位。

第五条 经审批取得相应学科、专业学位授予资格的高等学校、科学研究机构为学位授予单位,其授予学位的学科、专业为学位授予点。学位授予单位可以依照本法规定授予相应学位。

## 第二章 学位工作体制

第六条 国务院设立学位委员会,领导全国学位工作。

国务院学位委员会设主任委员一人，副主任委员和委员若干人。主任委员、副主任委员和委员由国务院任免，每届任期五年。

国务院学位委员会设立专家组，负责学位评审评估、质量监督、研究咨询等工作。

**第七条** 国务院学位委员会在国务院教育行政部门设立办事机构，承担国务院学位委员会日常工作。

国务院教育行政部门负责全国学位管理有关工作。

**第八条** 省、自治区、直辖市人民政府设立省级学位委员会，在国务院学位委员会的指导下，领导本行政区域学位工作。

省、自治区、直辖市人民政府教育行政部门负责本行政区域学位管理有关工作。

**第九条** 学位授予单位设立学位评定委员会，履行下列职责：

（一）审议本单位学位授予的实施办法和具体标准；

（二）审议学位授予点的增设、撤销等事项；

（三）作出授予、不授予、撤销相应学位的决议；

（四）研究处理学位授予争议；

（五）受理与学位相关的投诉或者举报；

（六）审议其他与学位相关的事项。

学位评定委员会可以设立若干分委员会协助开展工

作,并可以委托分委员会履行相应职责。

第十条 学位评定委员会由学位授予单位具有高级专业技术职务的负责人、教学科研人员组成,其组成人员应当为不少于九人的单数。学位评定委员会主席由学位授予单位主要行政负责人担任。

学位评定委员会作出决议,应当以会议的方式进行。审议本法第九条第一款第一项至第四项所列事项或者其他重大事项的,会议应当有全体组成人员的三分之二以上出席。决议事项以投票方式表决,由全体组成人员的过半数通过。

第十一条 学位评定委员会及分委员会的组成人员、任期、职责分工、工作程序等由学位授予单位确定并公布。

## 第三章 学位授予资格

第十二条 高等学校、科学研究机构申请学位授予资格,应当具备下列条件:

(一)坚持社会主义办学方向,落实立德树人根本任务;

(二)符合国家和地方经济社会发展需要、高等教育发展规划;

(三)具有与所申请学位授予资格相适应的师资队伍、设施设备等教学科研资源及办学水平;

（四）法律、行政法规规定的其他条件。

国务院学位委员会、省级学位委员会可以根据前款规定，对申请相应学位授予资格的条件作出具体规定。

**第十三条** 依法实施本科教育且具备本法第十二条规定条件的高等学校，可以申请学士学位授予资格。依法实施本科教育、研究生教育且具备本法第十二条规定条件的高等学校、科学研究机构，可以申请硕士、博士学位授予资格。

**第十四条** 学士学位授予资格，由省级学位委员会审批，报国务院学位委员会备案。

硕士学位授予资格，由省级学位委员会组织审核，报国务院学位委员会审批。

博士学位授予资格，由国务院教育行政部门组织审核，报国务院学位委员会审批。

审核学位授予资格，应当组织专家评审。

**第十五条** 申请学位授予资格，应当在国务院学位委员会、省级学位委员会规定的期限内提出。

负责学位授予资格审批的单位应当自受理申请之日起九十日内作出决议，并向社会公示。公示期不少于十个工作日。公示期内有异议的，应当组织复核。

**第十六条** 符合条件的学位授予单位，经国务院学位委员会批准，可以自主开展增设硕士、博士学位授予点审核。自主增设的学位授予点，应当报国务院学位委员会审批。具体条件和办法由国务院学位委员会制定。

第十七条 国家立足经济社会发展对各类人才的需求，优化学科结构和学位授予点布局，加强基础学科、新兴学科、交叉学科建设。

国务院学位委员会可以根据国家重大需求和经济发展、科技创新、文化传承、维护人民群众生命健康的需要，对相关学位授予点的设置、布局和学位授予另行规定条件和程序。

# 第四章　学位授予条件

第十八条 学位申请人应当拥护中国共产党的领导，拥护社会主义制度，遵守宪法和法律，遵守学术道德和学术规范。

学位申请人在高等学校、科学研究机构学习或者通过国家规定的其他方式接受教育，达到相应学业要求、学术水平或者专业水平的，由学位授予单位分别依照本法第十九条至第二十一条规定的条件授予相应学位。

第十九条 接受本科教育，通过规定的课程考核或者修满相应学分，通过毕业论文或者毕业设计等毕业环节审查，表明学位申请人达到下列水平的，授予学士学位：

（一）在本学科或者专业领域较好地掌握基础理论、专门知识和基本技能；

（二）具有从事学术研究或者承担专业实践工作的初步能力。

**第二十条** 接受硕士研究生教育，通过规定的课程考核或者修满相应学分，完成学术研究训练或者专业实践训练，通过学位论文答辩或者规定的实践成果答辩，表明学位申请人达到下列水平的，授予硕士学位：

（一）在本学科或者专业领域掌握坚实的基础理论和系统的专门知识；

（二）学术学位申请人应当具有从事学术研究工作的能力，专业学位申请人应当具有承担专业实践工作的能力。

**第二十一条** 接受博士研究生教育，通过规定的课程考核或者修满相应学分，完成学术研究训练或者专业实践训练，通过学位论文答辩或者规定的实践成果答辩，表明学位申请人达到下列水平的，授予博士学位：

（一）在本学科或者专业领域掌握坚实全面的基础理论和系统深入的专门知识；

（二）学术学位申请人应当具有独立从事学术研究工作的能力，专业学位申请人应当具有独立承担专业实践工作的能力；

（三）学术学位申请人应当在学术研究领域做出创

新性成果，专业学位申请人应当在专业实践领域做出创新性成果。

第二十二条 学位授予单位应当根据本法第十八条至第二十一条规定的条件，结合本单位学术评价标准，坚持科学的评价导向，在充分听取相关方面意见的基础上，制定各学科、专业的学位授予具体标准并予以公布。

## 第五章 学位授予程序

第二十三条 符合本法规定的受教育者，可以按照学位授予单位的要求提交申请材料，申请相应学位。非学位授予单位的应届毕业生，由毕业单位推荐，可以向相关学位授予单位申请学位。

学位授予单位应当自申请日期截止之日起六十日内审查决定是否受理申请，并通知申请人。

第二十四条 申请学士学位的，由学位评定委员会组织审查，作出是否授予学士学位的决议。

第二十五条 申请硕士、博士学位的，学位授予单位应当在组织答辩前，将学位申请人的学位论文或者实践成果送专家评阅。

经专家评阅，符合学位授予单位规定的，进入答辩程序。

第二十六条 学位授予单位应当按照学科、专业组织硕士、博士学位答辩委员会。硕士学位答辩委员会组成人员应当不少于三人。博士学位答辩委员会组成人员应当不少于五人，其中学位授予单位以外的专家应当不少于二人。

学位论文或者实践成果应当在答辩前送答辩委员会组成人员审阅，答辩委员会组成人员应当独立负责地履行职责。

答辩委员会应当按照规定的程序组织答辩，就学位申请人是否通过答辩形成决议并当场宣布。答辩以投票方式表决，由全体组成人员的三分之二以上通过。除内容涉及国家秘密的外，答辩应当公开举行。

第二十七条　学位论文答辩或者实践成果答辩未通过的，经答辩委员会同意，可以在规定期限内修改，重新申请答辩。

博士学位答辩委员会认为学位申请人虽未达到博士学位的水平，但已达到硕士学位的水平，且学位申请人尚未获得过本单位该学科、专业硕士学位的，经学位申请人同意，可以作出建议授予硕士学位的决议，报送学位评定委员会审定。

第二十八条　学位评定委员会应当根据答辩委员会的决议，在对学位申请进行审核的基础上，作出是否授予硕士、博士学位的决议。

第二十九条　学位授予单位应当根据学位评定委员会授予学士、硕士、博士学位的决议，公布授予学位的人员名单，颁发学位证书，并向省级学位委员会报送学位授予信息。省级学位委员会将本行政区域的学位授予信息报国务院学位委员会备案。

第三十条　学位授予单位应当保存学位申请人的申请材料和学位论文、实践成果等档案资料；博士学位论文应当同时交存国家图书馆和有关专业图书馆。

涉密学位论文、实践成果及学位授予过程应当依照保密法律、行政法规和国家有关保密规定，加强保密管理。

## 第六章　学位质量保障

第三十一条　学位授予单位应当建立本单位学位质量保障制度，加强招生、培养、学位授予等全过程质量管理，及时公开相关信息，接受社会监督，保证授予学位的质量。

第三十二条　学位授予单位应当为研究生配备品行良好、具有较高学术水平或者较强实践能力的教师、科研人员或者专业人员担任指导教师，建立遴选、考核、监督和动态调整机制。

研究生指导教师应当为人师表，履行立德树人职责，关心爱护学生，指导学生开展相关学术研究和专业实践、遵守学术道德和学术规范、提高学术水平或者专业水平。

第三十三条　博士学位授予单位应当立足培养高层次创新人才，加强博士学位授予点建设，加大对博士研究生的培养、管理和支持力度，提高授予博士学位的质量。

博士研究生指导教师应当认真履行博士研究生培养职责，在培养关键环节严格把关，全过程加强指导，提高培养质量。

博士研究生应当努力钻研和实践，认真准备学位论文或者实践成果，确保符合学术规范和创新要求。

第三十四条　国务院教育行政部门和省级学位委员会应当在各自职责范围内定期组织专家对已经批准的学位授予单位及学位授予点进行质量评估。对经质量评估确认不能保证所授学位质量的，责令限期整改；情节严重的，由原审批单位撤销相应学位授予资格。

自主开展增设硕士、博士学位授予点审核的学位授予单位，研究生培养质量达不到规定标准或者学位质量管理存在严重问题的，国务院学位委员会应当撤销其自主审核资格。

第三十五条　学位授予单位可以根据本单位学科、专业需要，向原审批单位申请撤销相应学位授予点。

第三十六条　国务院教育行政部门应当加强信息化建设，完善学位信息管理系统，依法向社会提供信息服务。

第三十七条　学位申请人、学位获得者在攻读该学

位过程中有下列情形之一的,经学位评定委员会决议,学位授予单位不授予学位或者撤销学位:

(一)学位论文或者实践成果被认定为存在代写、剽窃、伪造等学术不端行为;

(二)盗用、冒用他人身份,顶替他人取得的入学资格,或者以其他非法手段取得入学资格、毕业证书;

(三)攻读期间存在依法不应当授予学位的其他严重违法行为。

**第三十八条** 违反本法规定授予学位、颁发学位证书的,由教育行政部门宣布证书无效,并依照《中华人民共和国教育法》的有关规定处理。

**第三十九条** 学位授予单位拟作出不授予学位或者撤销学位决定的,应当告知学位申请人或者学位获得者拟作出决定的内容及事实、理由、依据,听取其陈述和申辩。

**第四十条** 学位申请人对专家评阅、答辩、成果认定等过程中相关学术组织或者人员作出的学术评价结论有异议的,可以向学位授予单位申请学术复核。学位授予单位应当自受理学术复核申请之日起三十日内重新组织专家进行复核并作出复核决定,复核决定为最终决定。学术复核的办法由学位授予单位制定。

**第四十一条** 学位申请人或者学位获得者对不受理其学位申请、不授予其学位或者撤销其学位等行为不服的,可以向学位授予单位申请复核,或者请求有关机关依照法律规定处理。

学位申请人或者学位获得者申请复核的,学位授予单位应当自受理复核申请之日起三十日内进行复核并作出复核决定。

## 第七章　附　则

**第四十二条**　军队设立学位委员会。军队学位委员会依据本法负责管理军队院校和科学研究机构的学位工作。

**第四十三条**　对在学术或者专门领域、在推进科学教育和文化交流合作方面做出突出贡献,或者对世界和平与人类发展有重大贡献的个人,可以授予名誉博士学位。

取得博士学位授予资格的学位授予单位,经学位评定委员会审议通过,报国务院学位委员会批准后,可以向符合前款规定条件的个人授予名誉博士学位。

名誉博士学位授予、撤销的具体办法由国务院学位委员会制定。

**第四十四条**　学位授予单位对申请学位的境外个人,依照本法规定的学业要求、学术水平或者专业水平等条件和相关程序授予相应学位。

学位授予单位在境外授予学位的,适用本法有关规定。

境外教育机构在境内授予学位的，应当遵守中国有关法律法规的规定。

对境外教育机构颁发的学位证书的承认，应当严格按照国家有关规定办理。

**第四十五条** 本法自 2025 年 1 月 1 日起施行。《中华人民共和国学位条例》同时废止。

# 关于《中华人民共和国学位法(草案)》的说明

——2023年8月28日在第十四届全国人民代表大会常务委员会第五次会议上

司法部部长 贺 荣

委员长、各位副委员长、秘书长、各位委员：

我受国务院委托，现对《中华人民共和国学位法(草案)》(以下简称《草案》)作说明。

**一、起草工作情况**

学位制度是我国的一项基本教育制度，事关学位体系、学科发展、人才评价标准等，是高等教育高质量发展的基石。党中央、国务院高度重视提升学位工作质量，促进高等教育事业发展。习近平总书记强调，要牢牢抓住人才培养这个关键，坚持为党育人、为国育才，坚持服务国家战略需求，瞄准科技前沿和关键领域，优化学科专业和人才培养布局，打造高水平师资队伍，深化科教融合育人，为加快建设世界重要人才中心和创新高地提供有力支撑。党的二十大提出，要加快建设教育强国、科技强国、人才强国，全面提高人才自主培养质量，加强基础学科、新兴学科、交叉学科建设，加快建设中国特色、世界一流的大学和优势学科。李强总理对推进高等教育创新、为高质量发展提供人才支撑作出部署。丁薛祥同志就高校人才培养等工作提出明确要求。

全国人大常委会1980年公布的《中华人民共和国学位条例》为培养社会主义现代化建设急需的高层次人才提供了有力的法治保障。随着我国进入新发展阶段，学位管理工作需要按照新时代党对教育工作全面领导的要求，在法律中明确贯彻落实党的领导的有关内容；需要适应高等教育改革发展方向和实践要求，进一步完善学位管理体制；需要根据高等教育事业发展、高层次人才培养的要求，进一步细化和明确学位授予条件和程序，确保学位授予质量。为深入贯彻习近平总书记重要指示精神，贯彻落实党中央、国务院决策部署，解决学位管理工作中存在的问题，有必要在现行学位条例的基础上，抓紧制定学位法。修改学位条例已列入《全国人大常委会2023年度立法工作计划》。

教育部经深入调研起草了《中华人民共和国学位法草案（送审稿）》，在征求有关方面意见的基础上向社会公开征求了意见，经国务院学位委员会评议、中央教育工作领导小组审议后，于2021年11月提请国务院审议。司法部书面征求了中央有关单位、省级人民政府以及部分学会、学位授予单位等方面的意见，召开了专家座谈会，在部分学位管理机构、高校、学会进行了调研，广泛听取各方意见，在此基础上会同教育部对送审稿作了反复研究修改，形成了《草案》。2023年6月16日，国务院第8次常务会议讨论并原则通过《草案》。

二、《草案》总体思路

《草案》在总体思路上主要把握了以下四点：一是坚持党的领导，全面贯彻党和国家的教育方针，践行社会主义核心价值观；二是贯彻落实党中央、国务院关于学位管理工作、高层次人才培养的重要决策部署，将其转化为法律规范，确保改革举措落地见效；三是坚持从国情出发，解决实际问题，为规范学位授予活动提供有力的法治保障；四是处理好与相关法律的关系，做好与相关法律规定的衔接。

三、《草案》主要内容

《草案》共7章40条，包括总则、学位管理体制、学位授予权的取得、学位授予条件、学位授予程序、学位质量保障与监督、附则，主要内容如下：

（一）坚持党的领导，全面贯彻党和国家的教育方针。实施学位制度坚持中国共产党的领导，全面贯彻党和国家的教育方针，践行社会主义核心价值观，落实立德树人根本任务。（第三条）把拥护中国共产党的领导、拥护社会主义制度、遵守宪法和法律、遵守学术道德和学术规范，作为依法申请获得相应学位的前提。（第六条）

（二）完善学位管理体制，适应高等教育改革发展方向和实践要求。一是明确学位管理主体职责。国务院学位委员会负责领导全国学位工作，在国务院教育行政部门设立日常办事机构，实施国家的学位制度，负责学位管理工作。（第七条第一款、第八条）省级学位委员会在国务院学位委员会的指导下，负责领导本地区学位工作。（第九条第一款）学位授予单位设立学位评定委员会，负责本单位学位授予工作，履行审议学位授予点增撤事项、作出学位授予决定等职责。（第十条第一款）二是规范学位授予权审批行为。设立学位授予单位或者增设学位授予点，应当符合国家和地方经济社会发展需要，符合高等教育发展规划和国家有关规定。（第五条）设立学士学位授予单位或者增设学士学位授予点，由省级学位委员会组织审批，报国务院学位委员会备案；设立硕士、博士学位授予单位或者增设硕士、博士学位授予点，由国务院学位委员会审批。（第十二条）国家立足经济社会发展对各类人才的需求，优化学科结构和学位授予点布局，加强基础学科、新兴学科、交叉学科建设。国务院学位委员会可以根据国家重大需求、经济和社会发展、科技创新、文化传承和维护人民群众生命健康的需要，对相关学位授予点的设置、布局和学位授予制定特别条件和程序。（第十四条第二款）三是扩大学位授予单位自主权。符合条件的学位授予单位，经国务院学位委员会批准，可以自主开展增设硕士、博士学位授予点审核。学位授予单位可以根据本单位学科、专业需要，申请撤销相应学位授予点。（第十四条第一款、第三十一条）

（三）细化和明确学位授予条件和程序，确保学位授予质量。一是细化学位授予条件。授予学士、硕士、博士学位，在明确拥护中国共产党的领导、拥护社会主义制度、遵守宪法和法律等的基础上，规定学士、硕士、博士学位获得者还需要达到相应学术水平或者专业水平，名誉博士学位获得者需要在特定领域作出贡献。（第十五条至第十八条、第三十八条第一款）要求学位授予单位在法定学位授予条件基础上，制定学位授予具体标准。（第十九条）二是完善学位授予程序。申请学士学位，由学位评定委员会组织审查，作出是否授予学位的决定；申请硕士、博士学位，在通过同行专家评阅、答辩等程序后，由学位评定委员会组织审核，作出是否授予学位的决定；授予名誉博士学位，由学位评定委员会审议通过，报国务院学位委员会批准。（第二十一条至第二十五条、第三十八条第二款）学位授予单位应当公布授予学位的名单、颁发证书、保存有关档案

资料，学位授予信息由省级学位委员会汇总后报国务院学位委员会备案。（第二十六条、第二十七条）

（四）健全学位授予争议的解决途径，保障各方合法权益。学生或者受教育者对学位授予单位不受理其学位申请有异议的，可以依照相关规定申请复核。（第二十条第一款）学位申请人对学术评价结论有异议的，可以向学位授予单位申请学术复核，复核决定为最终决定。（第三十六条第一款）学位申请人对有关学位授予决定不服的，可以向学位授予单位申请复核；对复核决定仍不服的，可以向省级学位委员会提出申诉。（第三十六条第二款）其他人员对有关决定不服的，可以向学位评定委员会进行投诉或者举报，由学位评定委员会履行相应职责。（第十条第一款）

此外，为了加大对学位管理工作中不正之风和违法行为的查处力度，并做好与刑法修正案（十一）、教育法等法律的衔接，《草案》对学位获得者盗用、冒用他人身份顶替他人取得的入学资格，利用人工智能代写学位论文，以及学位授予单位非法授予学位等行为，规定了相应的法律责任。（第三十三条、第三十四条）

《草案》和以上说明是否妥当，请审议。

# 全国人民代表大会宪法和法律委员会关于《中华人民共和国学位法(草案)》审议结果的报告

全国人民代表大会常务委员会：

　　常委会第五次会议对学位法草案进行了初次审议。会后，法制工作委员会将草案印发中央有关部门和单位、地方人大、基层立法联系点、高等学校、科研机构等征求意见；在中国人大网公布草案全文，征求社会公众意见；通过代表工作信息化平台，向全国人大代表征求意见。宪法和法律委员会、教育科学文化卫生委员会、法制工作委员会联合召开座谈会，听取全国人大代表、中央有关部门、学位授予单位、社会组织和专家学者对草案的意见。宪法和法律委员会、法制工作委员会还到北京、天津、湖北、湖南等地调研，在12所高等学校、科研机构进行座谈、访谈，听取全国人大代表、地方有关部门、高等学校、科研机构、教师、学生、专家学者等方面的意见，就草案有关重点问题在北京、长沙召开专家论证会，并多次与有关方面交换意见、共同研究。宪法和法律委员会于4月3日召开会议，根据常委会组成人员审议意见和各方面的意见，对草案进行了逐条审议。教育科学文化卫生委员会、司法部、教育部有关负责同志列席了会议。4月16日，宪法和法律委员会召开会议，再次进行了审议。宪法和法律委员会认为，为了完善学位制度，保障学位质量，推动高等教育高质量发展，在总结《中华人民共和国学位条例》实践经验的基础上制定学位法是必要的，草案经过审议修改，已经比较成熟。同时，提出以下主要修改意见：

一、有的常委会组成人员建议贯彻党的二十大精神，在立法目的中突出教育、科技、人才一体推进，提高学位质量，推动高质量发展。宪法和法律委员会经研究，建议在立法目的中增加"保障学位质量"、"建设教育强国、科技强国、人才强国"的内容。

二、有的常委委员建议完善学位工作体制，明确有关工作职责。有的常委会组成人员、代表、地方、专家和社会公众建议健全学位授予资格制度，明确学位授予资格审批的实体条件和程序要求。宪法和法律委员会经研究，建议作以下修改：一是明确国务院学位委员会办事机构承担国务院学位委员会日常工作，国务院教育行政部门负责全国学位管理有关工作。二是增加规定高等学校、科学研究机构申请学位授予资格应当具备的条件。三是明确硕士、博士学位授予资格分别由省级学位委员会、国务院教育行政部门组织审核，报国务院学位委员会审批；审核应当组织专家评审。

三、有的常委委员、代表、地方、专家和社会公众建议完善学位授予条件，推进学术学位与专业学位分类培养、分类评价，促进特色发展。宪法和法律委员会经研究，建议作以下修改：一是在学位授予条件中进一步明确学术学位和专业学位的区别，学术学位突出学术研究能力，专业学位突出专业实践能力。二是体现专业学位特点，允许博士专业学位通过其他规定的成果答辩表明专业水平。三是明确学位授予单位坚持科学的评价导向，在充分听取相关方面意见的基础上，制定学位授予具体标准。

四、有的常委会组成人员、代表、地方、专家和社会公众建议完善学位授予程序，加强学风建设，保障学位质量。宪法和法律委员会经研究，建议作以下修改：一是完善答辩程序，明确答辩委员会应当按照规定的程序组织答辩，答辩以投票方式表决，并当场宣布；博士学位答辩委员会组成人员中学位授予单位以外的专家应当不少于二人。二是明确学位授予单位、研究生指导教师、答辩委员会组成人员的责任，规定学位授予单位应当建立研究生指导教师考核监督和动态调整机制，答辩委员会组成人员应当独立负责地履行职责。三是对保障博士学位质量作出专门规定,细化博士学位授予单位、博士研究生导师、博士研究生的责任。四是增加规定不授予学位的情形,对学术不端等行为加强全过程管理。

**五、**有的常委会组成人员、代表、地方、专家和社会公众建议保护学位申请人、学位获得者的合法权益,不授予学位或者撤销学位应当遵守正当程序;有的建议保障学术复核的公正性和高效性。宪法和法律委员会经研究,建议作以下修改:一是明确学位授予单位拟作出不授予学位或者撤销学位决定的,应当听取学位申请人或者学位获得者的陈述和申辩。二是明确学位授予单位应当自受理学术复核申请之日起三十日内重新组织专家进行复核并作出复核决定。

**六、**有的常委会组成人员、代表、部门、地方、专家和社会公众建议完善涉外学位方面的规定,综合考虑涉外学位各类情形,处理好境内与境外、走出去与引进来的关系,加强涉外学位管理。宪法和法律委员会经研究,建议作以下修改:一是明确对在学位授予单位学习并申请学位的境外个人授予学位的条件。二是对学位授予单位在境外授予学位、境外教育机构在境内授予学位、境外教育机构学位证书的承认分别作出原则规定。

此外,还对草案作了一些文字修改。

4月8日,法制工作委员会召开会议,邀请部分全国人大代表、地方政府有关部门、高等学校、科研机构、用人单位、专家学者就草案中主要制度规范的可行性、出台时机、实施的社会效果和可能出现的问题进行评估。与会人员普遍认为，草案贯彻落实党中央关于学位工作和高层次人才培养的决策部署，适应高等教育改革发展方向和实践要求，坚持问题导向和目标导向，完善学位工作体制，规范学位授予条件和程序，有利于保障学位质量，推动高等教育高质量发展，对建设教育强国、科技强国、人才强国具有重要作用。草案经过修改，充分吸收了各方面意见，已经比较成熟，建议依法审议通过。与会人员还对草案提出了一些具体修改意见，宪法和法律委员会进行了认真研究，对有的意见予以采纳。

草案二次审议稿已按上述意见作了修改，宪法和法律委员会建议提请本次常委会会议审议通过。

草案二次审议稿和以上报告是否妥当，请审议。

全国人民代表大会宪法和法律委员会
2024 年 4 月 23 日

# 全国人民代表大会宪法和法律委员会关于《中华人民共和国学位法(草案二次审议稿)》修改意见的报告

全国人民代表大会常务委员会：

本次常委会会议于4月23日下午对学位法草案二次审议稿进行了分组审议。普遍认为，草案已经比较成熟，建议进一步修改后，提请本次常委会会议表决通过。同时，有些常委会组成人员和列席人员还提出了一些修改意见和建议。宪法和法律委员会于4月23日晚召开会议，逐条研究了常委会组成人员和列席人员的审议意见，对草案进行统一审议。教育科学文化卫生委员会、司法部、教育部有关负责同志列席了会议。宪法和法律委员会认为，草案是可行的，同时，提出以下修改意见：

一、有的常委委员提出，草案二次审议稿第一条中"规范学位授予活动"的表述不够确切，建议再研究。宪法和法律委员会经研究，建议修改为"规范学位授予工作"。

二、有的常委委员和列席人员提出，草案二次审议稿第三条中"促进科技创新"不能涵盖文化等领域的创新，建议研究修改。宪法和法律委员会经研究，建议修改为"促进创新发展"。

三、草案二次审议稿第十三条规定，依法实施本科教育的高等学校，可以申请学士学位授予资格。依法实施研究生教育的高等学校、科学研究机构，可以申请硕士、博士学位授予资格。有的常委委员提出，依法实施本科教育的高等学校也可以申请硕士学位授予资格，同时建议与本法第十二条规定做好衔接。宪法和法律委员会经研究，建议修改为："依法实施本科教育且具备本法第十二条规定条件的高等学校，可以申请学士学位授予资格。依法实施本科教育、研究生教育且具备本法第十二条规定条件的高等学校、科学研究机构，可以申请硕士、博士学位授予资格。"

四、有的常委委员提出，草案二次审议稿第二十一条中申请博士学位的"其他规定的成果"与第二十条中申请硕士学位的"实践成果"的表述不同，建议进一步明确。宪法和法律委员会经研究，建议将有关表述统一修改为"规定的实践成果"。

五、有的常委委员建议完善研究生指导教师遴选和指导学生的规定。宪法和法律委员会经研究，建议增加学位授予单位建立研究生指导教师遴选机制的内容，并规定研究生指导教师"指导学生开展相关学术研究和专业实践"。

六、有些常委委员和列席人员建议明确学位申请人或者学位获得者可以依法申请行政复议、提起行政诉讼。宪法和法律委员会经研究，建议明确学位申请人或者学位获得者对不受理其学位申请、不授予其学位或者撤销其学位等行为不服的，可以向学位授予单位申请复核，或者请求有关机关依照法律规定处理。

在常委会审议中，有的常委会组成人员和列席人员还就进一步完善学位授予条件和程序，提高学位质量等提出了一些好的意见建议。有些常委会组成人员建议有关方面抓紧制定配套规定，加强法律宣传。宪法和法律委员会经研究认为，上述意见建议涉及的问题，有的已在有关法律、行政法规中作出规定，今后还可进一步完善；有的可由有关部门、单位和地方制定配套规定，进一步予以明确、细化；有的属于工作中的问题，需要不断改进；有的还需要在实践中继续探索，逐步完善。宪法和法律委员会建议国务院及其有关部门、地方认真研究常委会组成人员的上述意见建议，在法律实施过程中，扎实做好法律宣传，及时出台配套规定，不断提高学位工作水平，切实保障法律的贯彻实施。

经与有关部门研究，建议将本法的施行时间确定为2025年1月1日。

此外，根据常委会组成人员的审议意见，还对草案二次审议稿作了一些文字修改。

草案修改稿已按上述意见作了修改，宪法和法律委员会建议提请本次常委会会议审议通过。

草案修改稿和以上报告是否妥当，请审议。

全国人民代表大会宪法和法律委员会
2024年4月25日